/ca·tàr·si/

Alessandro Mogno

1. Nella religione della Grecia classica, il rito magico della purificazione, inteso a mondare il corpo e l'anima da ogni contaminazione.

Nell'estetica, la purificazione delle passioni umane, comprese e superate nell'arte.

Genericamente: Purificazione, redenzione.

2. In psicoanalisi, processo di liberazione da esperienze traumatizzanti o da situazioni conflittuali, ottenuto col far riaffiorare alla coscienza dell'individuo gli eventi responsabili, rimuovendoli dal subconscio.

Origine: Dal gr. kátharsis, der. di katháiro 'purifico'

"Non indosso maschere, non ne ho più bisogno.

Ora posso, sono io.

I miei occhi sono la mia voce, la mia voce fruga tra

le mie espressioni, le mie espressioni esigono il

mio corpo.

Perché, ciò che accade dentro, accade anche

fuori, e tutto fuori è nelle mie mani."

Alessandro Mogno Fotografo

Black Out: Sentieri di un trauma

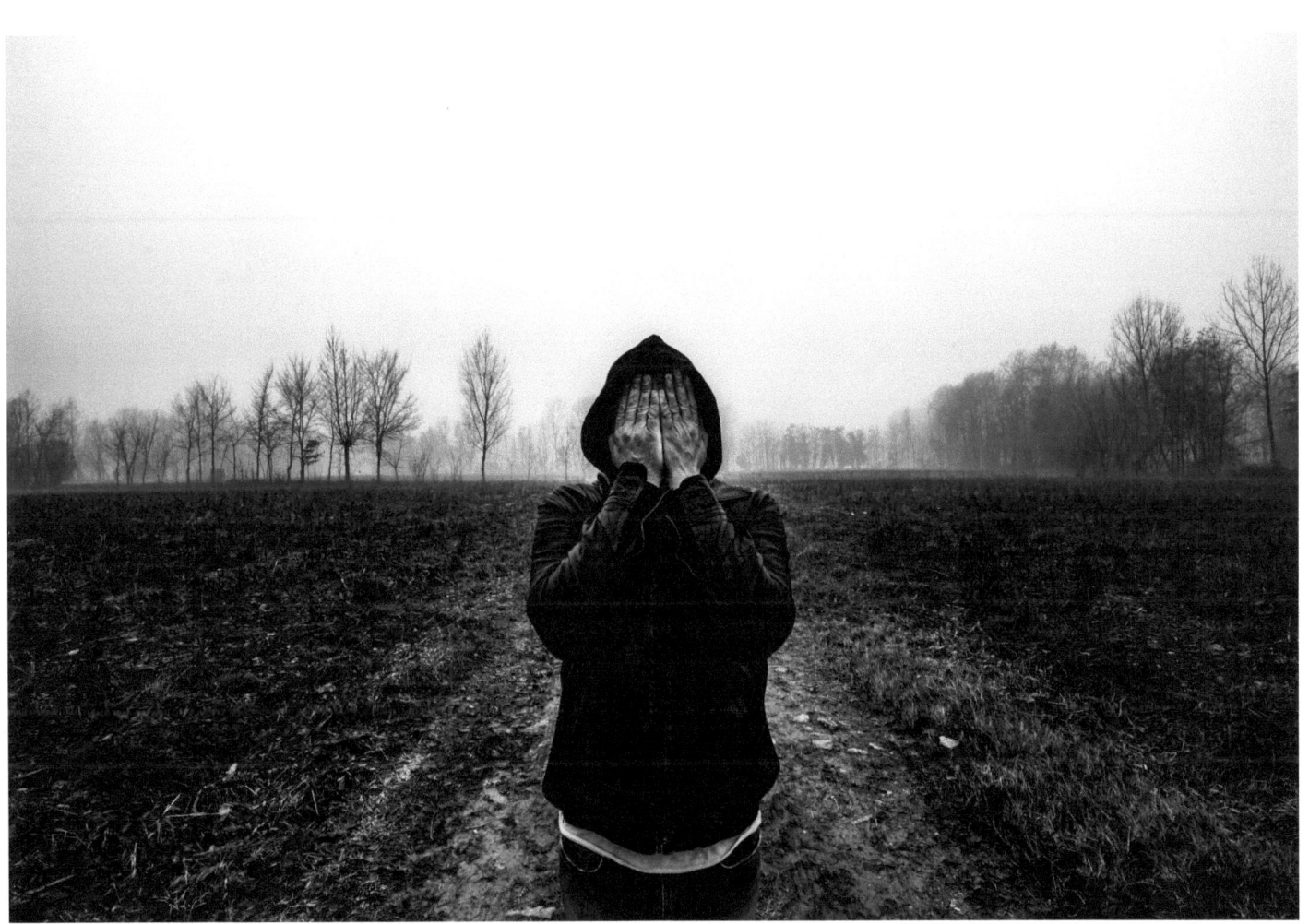

Il buio dentro

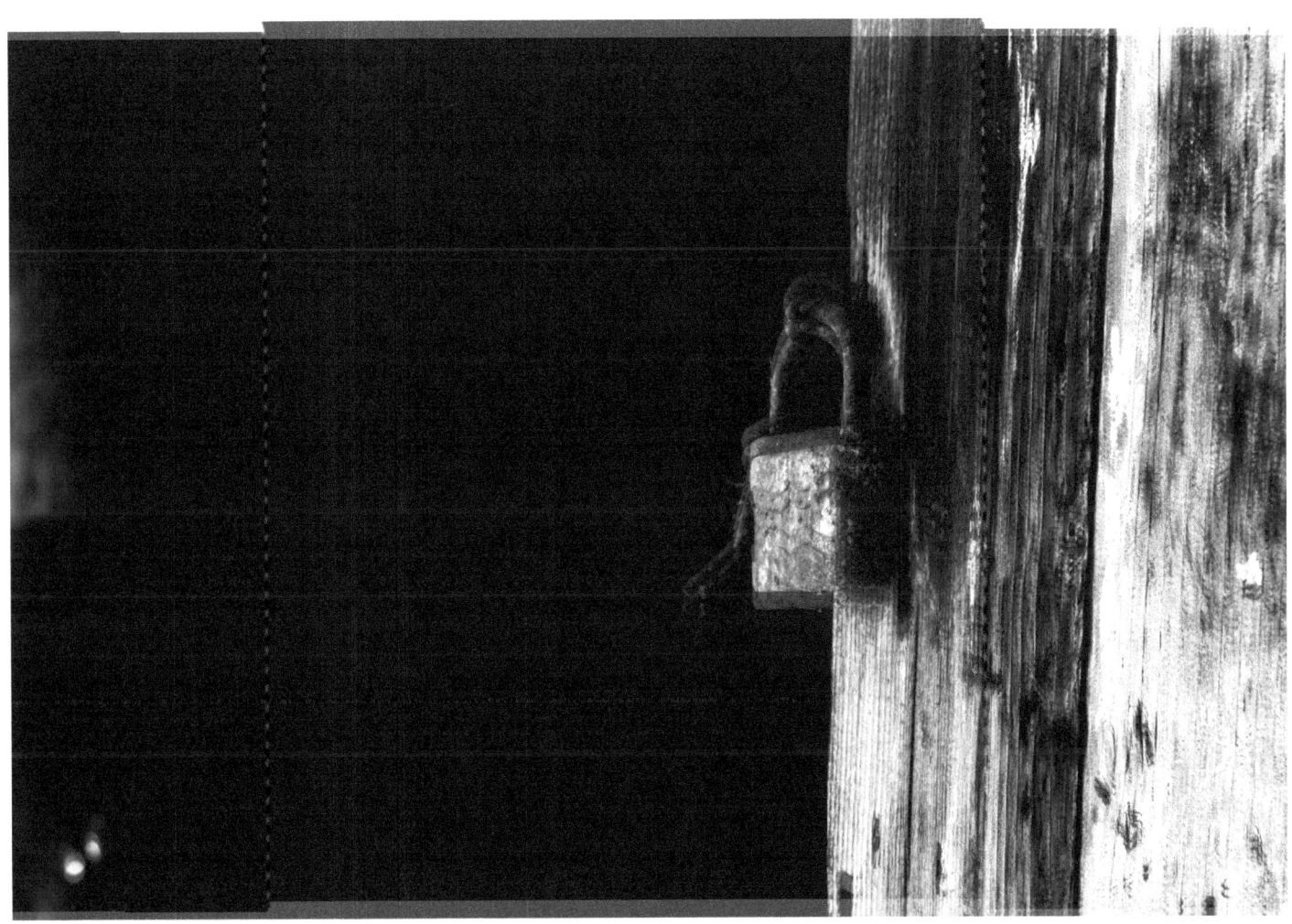

Bunker dell'anima mia

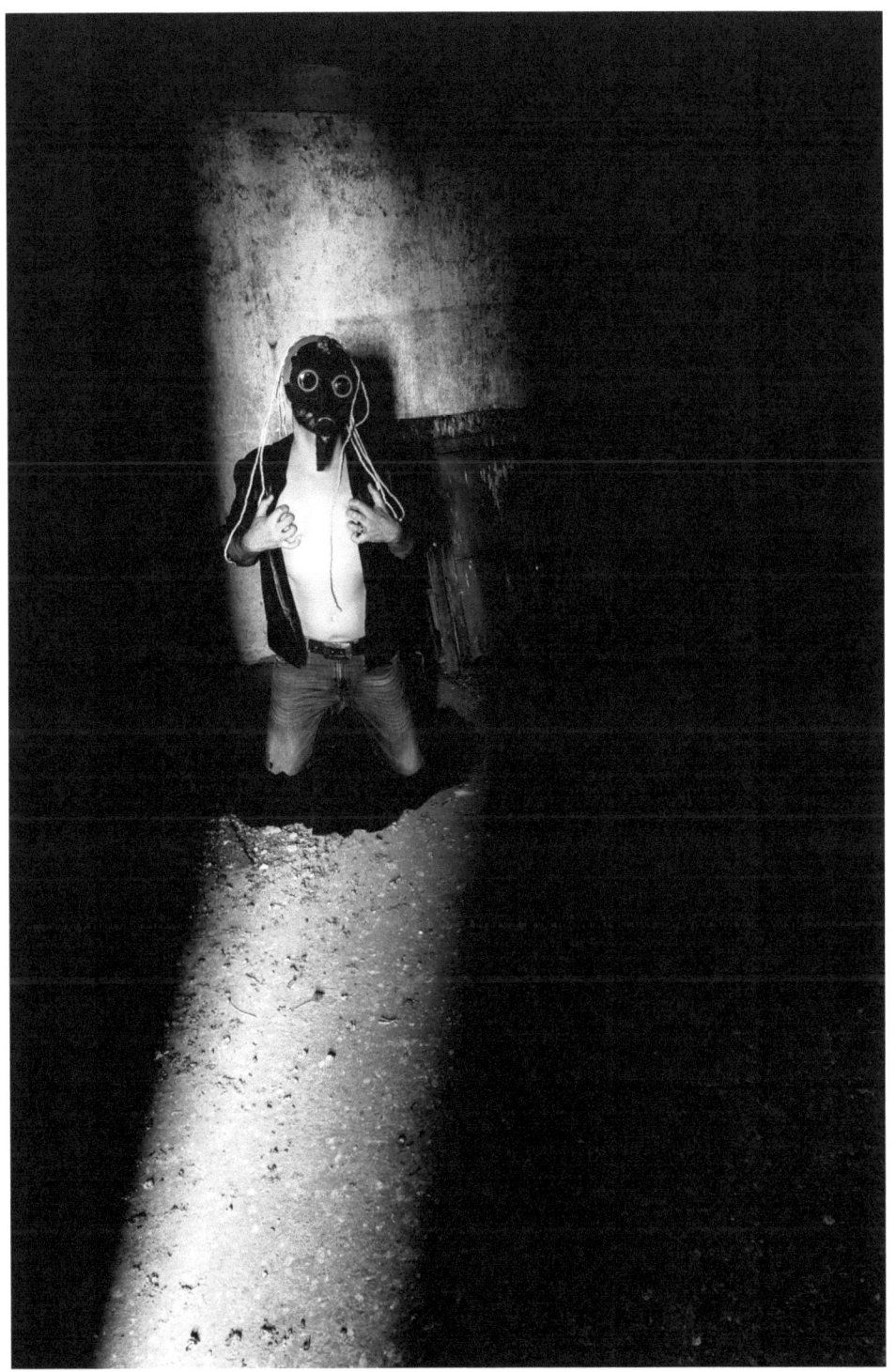

Superstite: non c'è anima viva

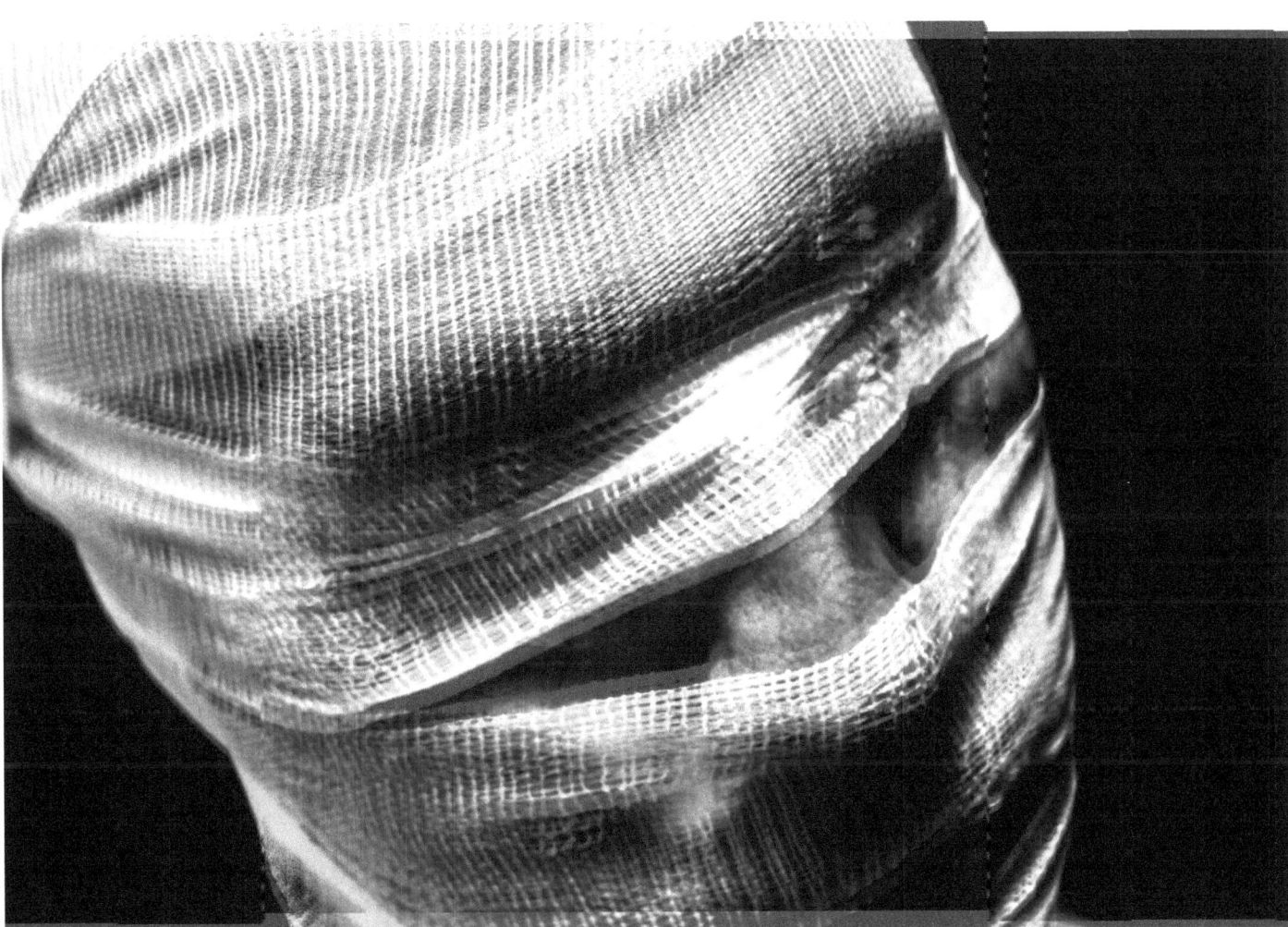

Invisibile a me stesso

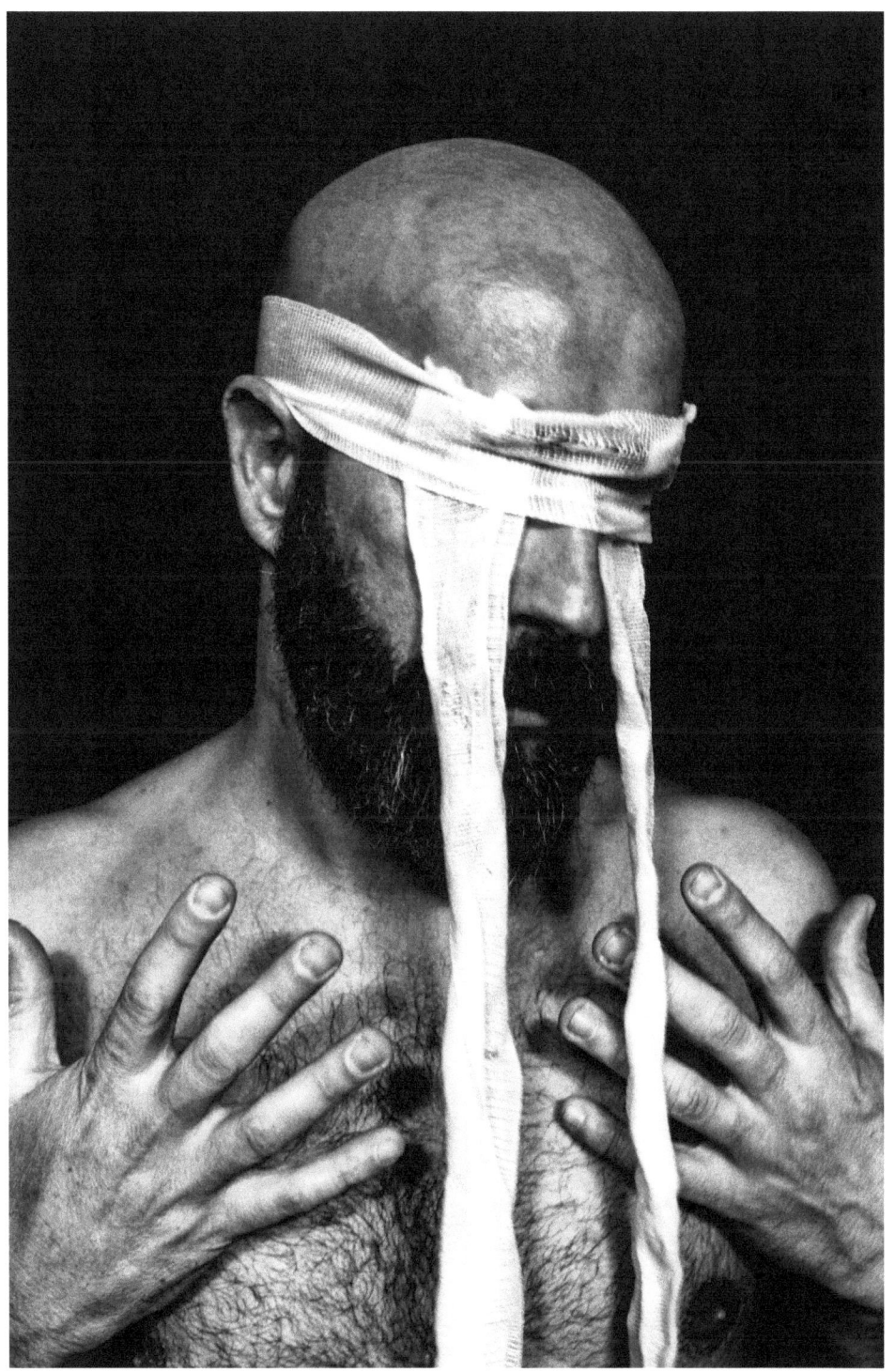

Cosa Vedo; in cosa credo: Tutto è dolore

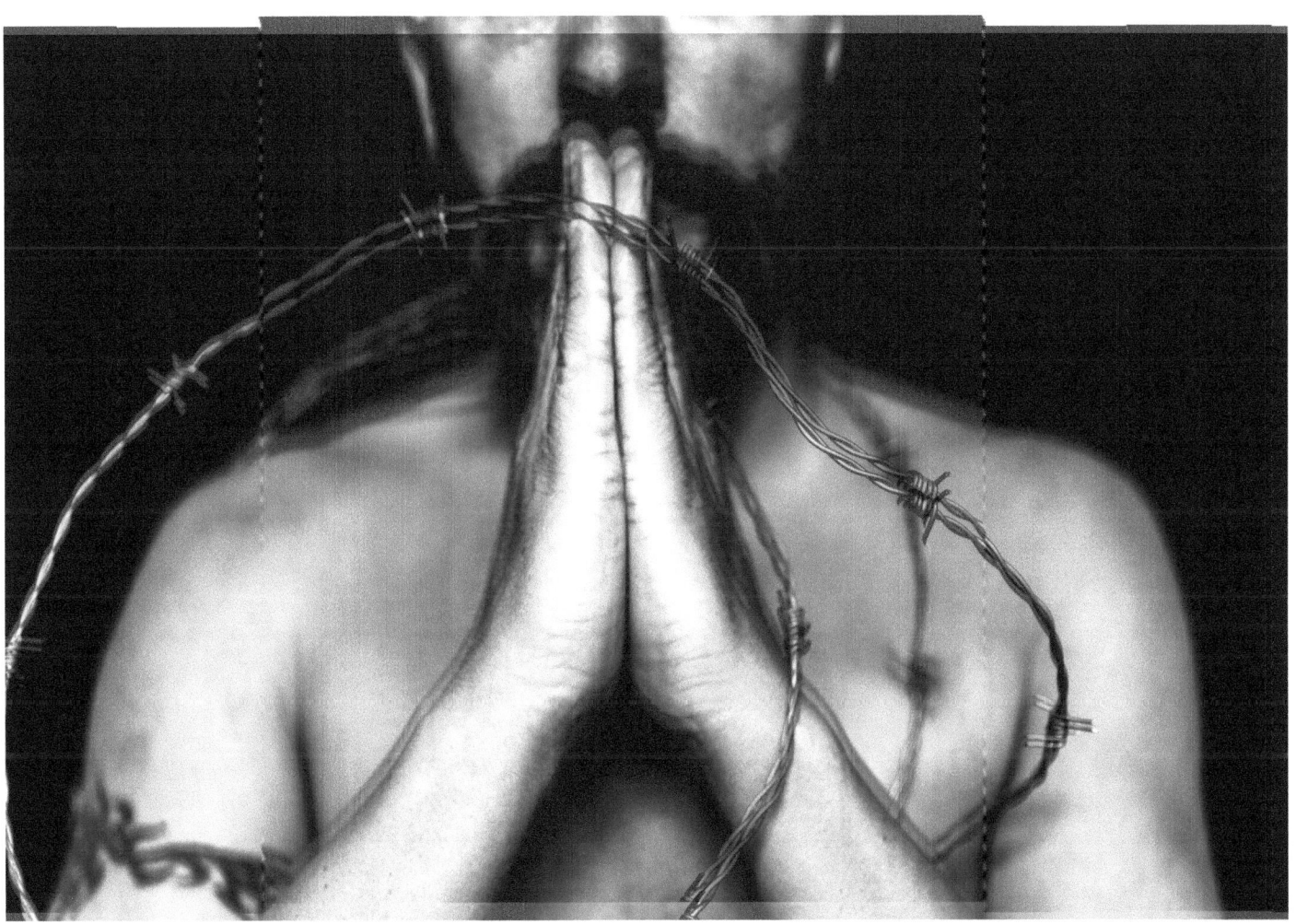

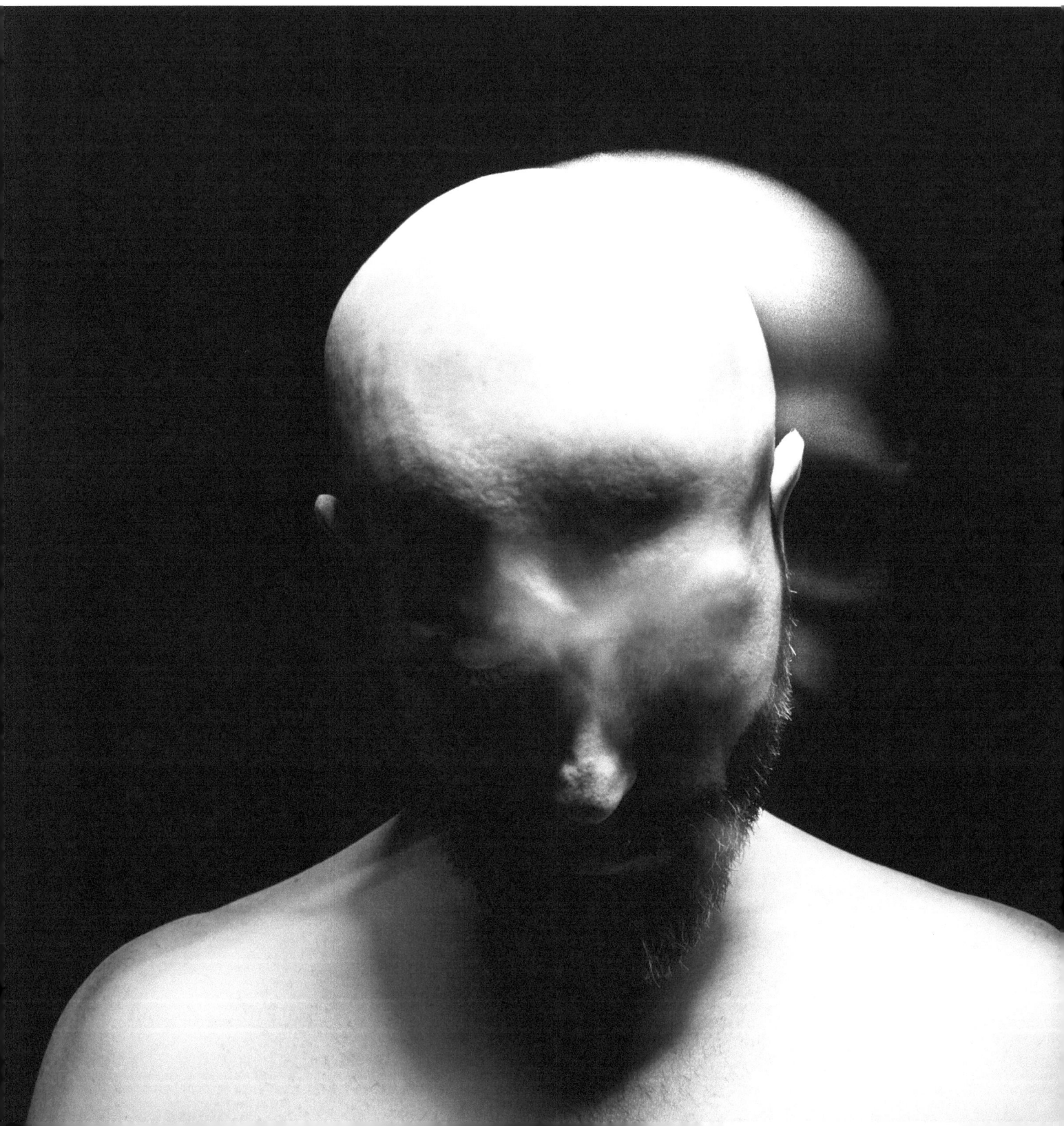

Eclissi

Sinistro

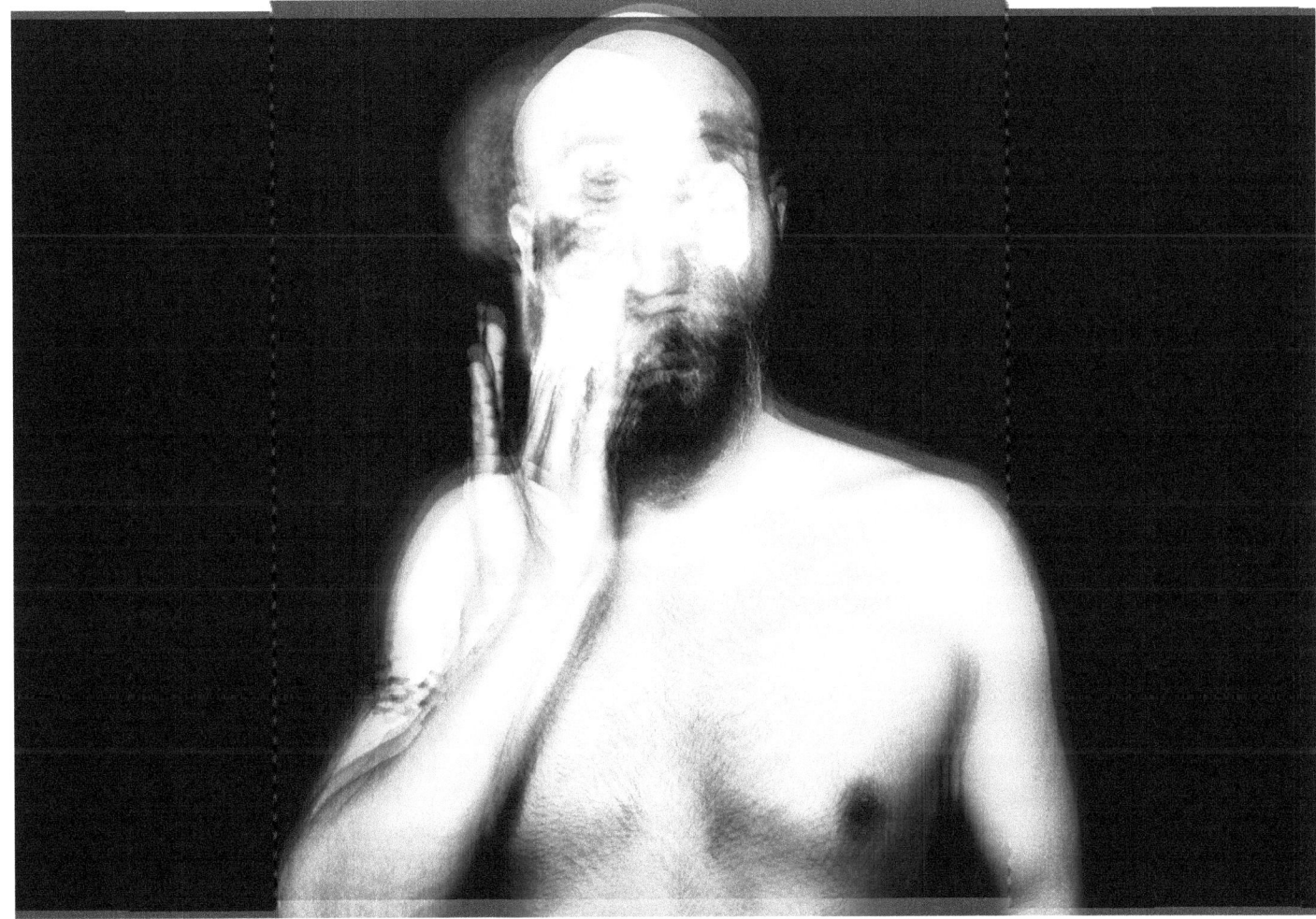

L'insostenibile. Gravità degli opposti

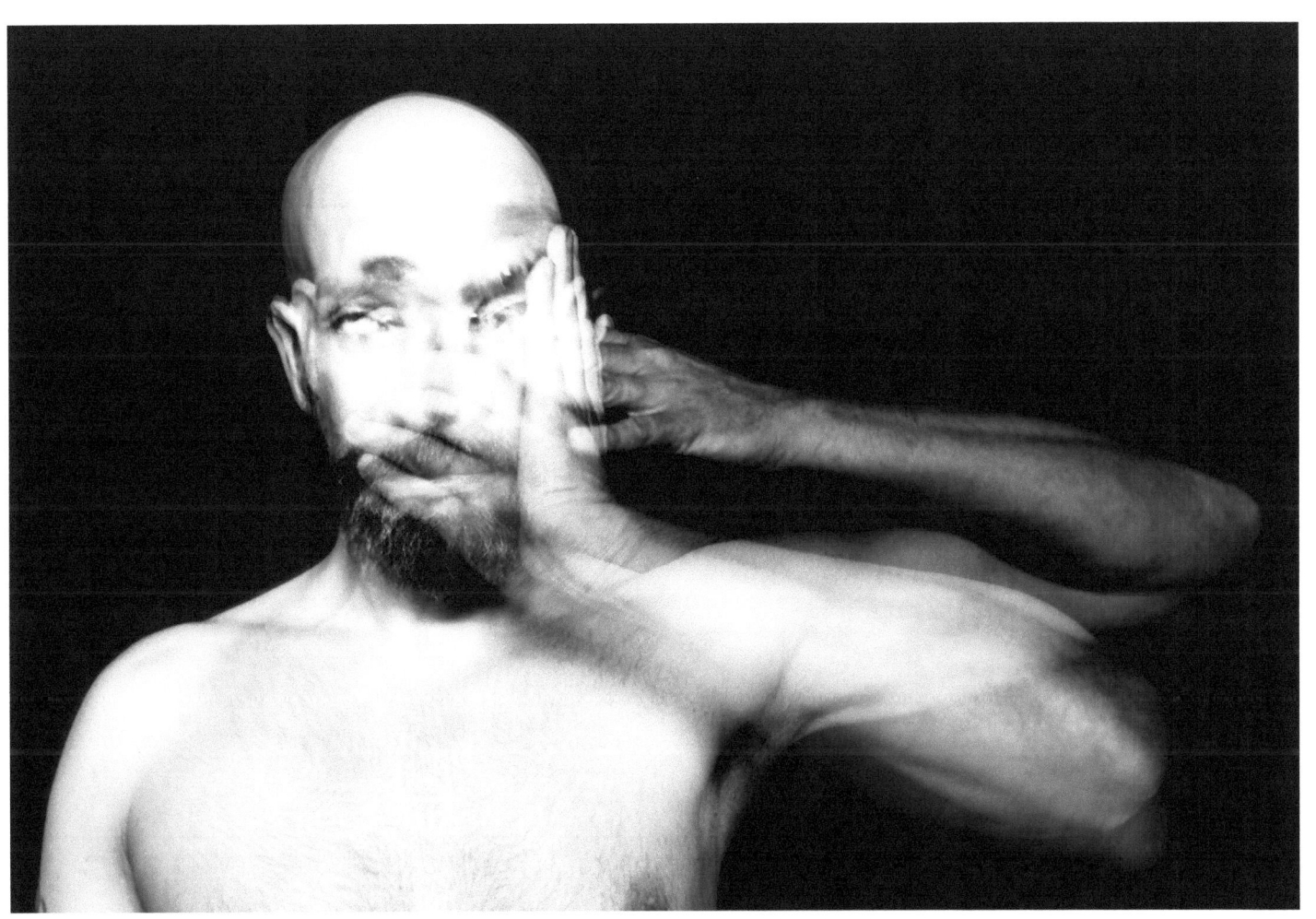

Discordia dei tre me

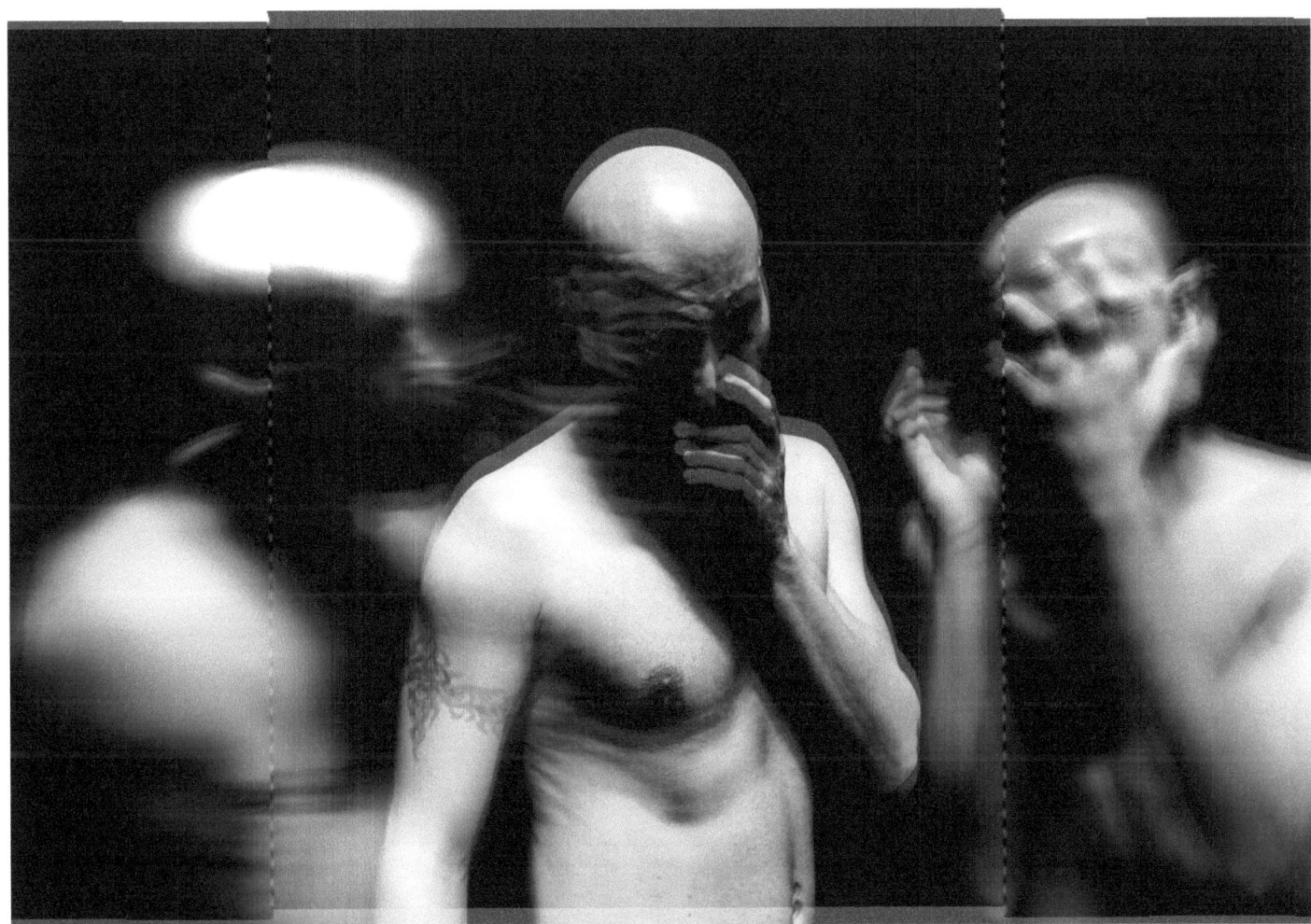

Magnetismo di un buco nero

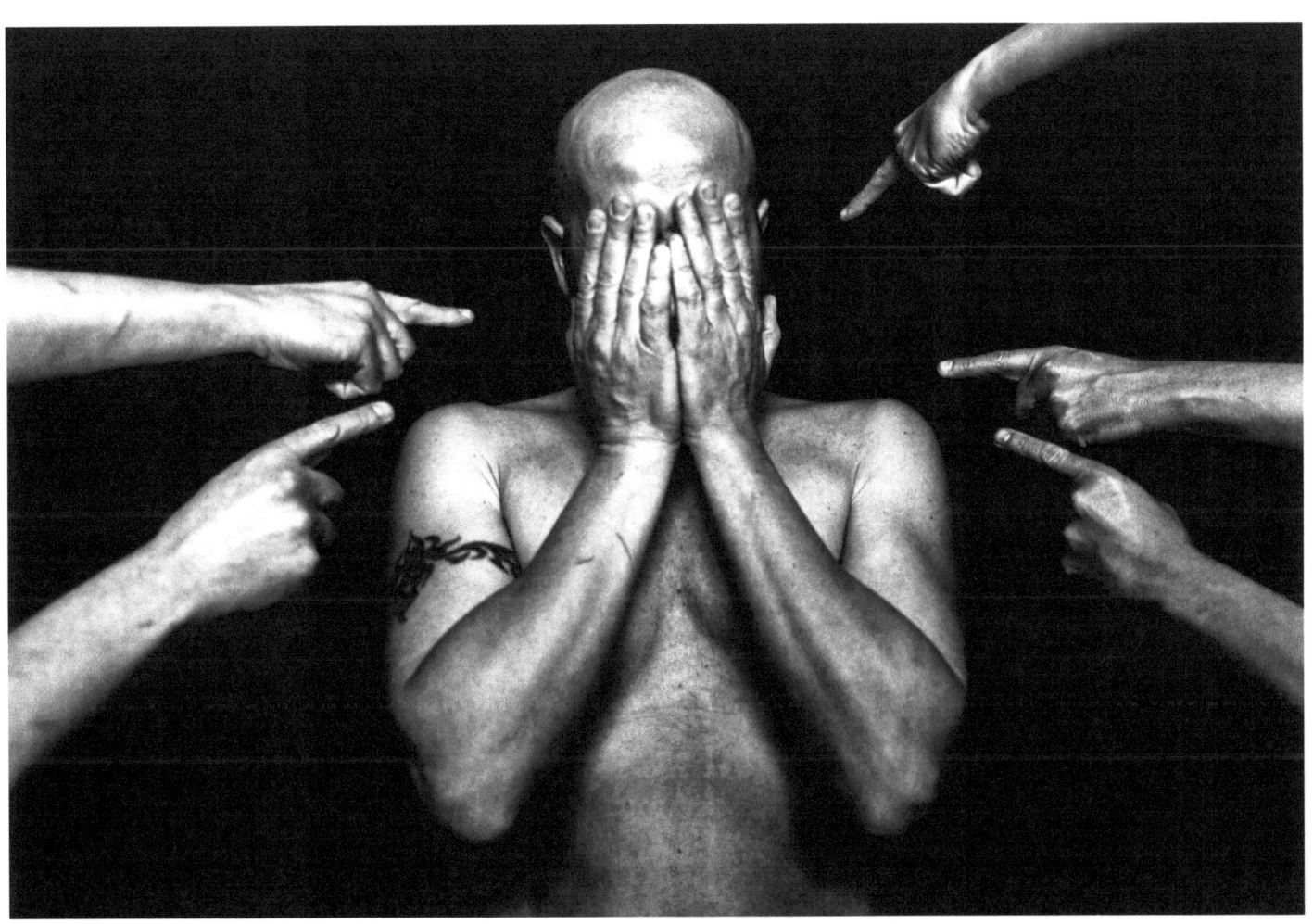

Alterego con nome

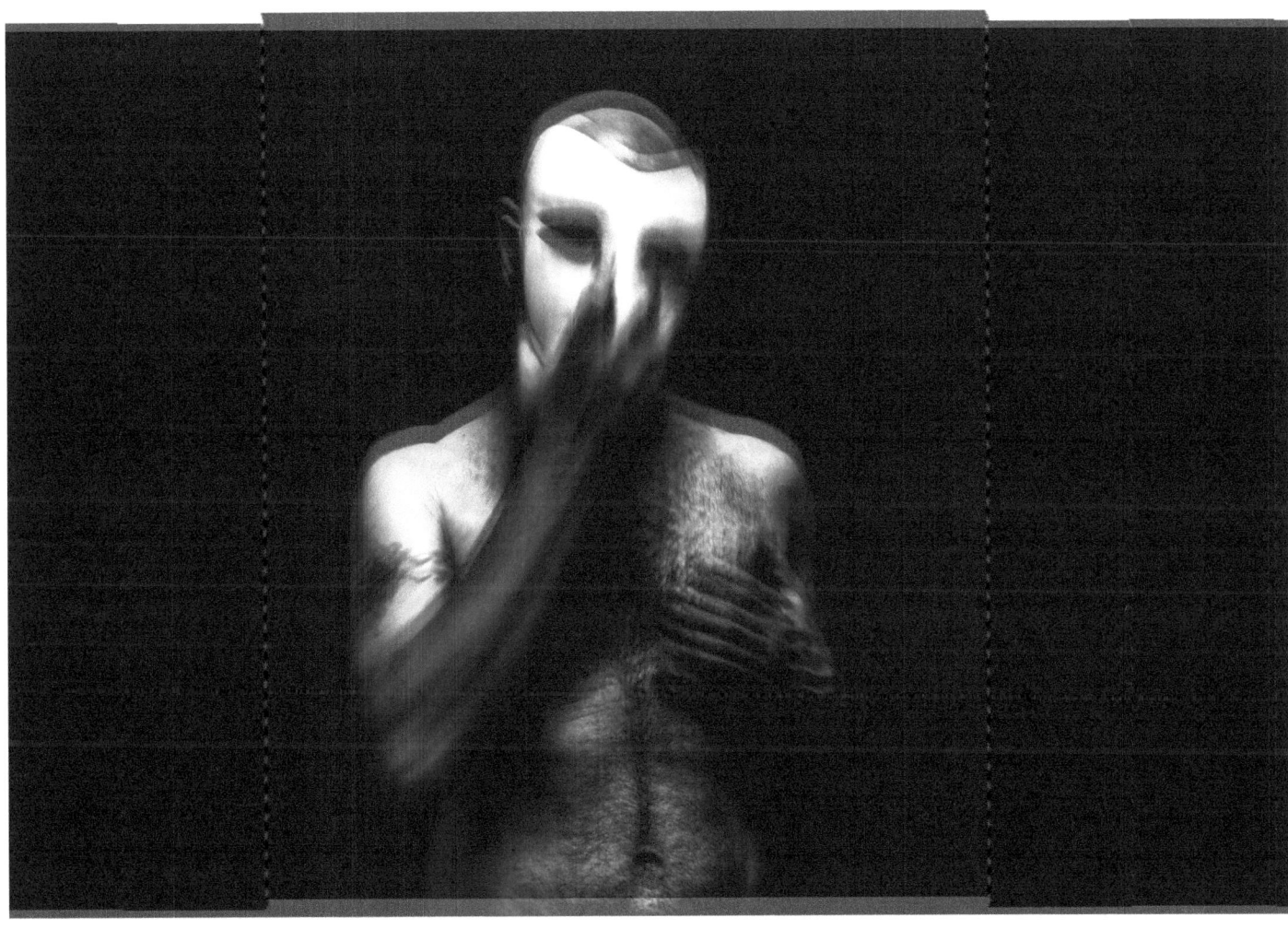

Têt-a-têt

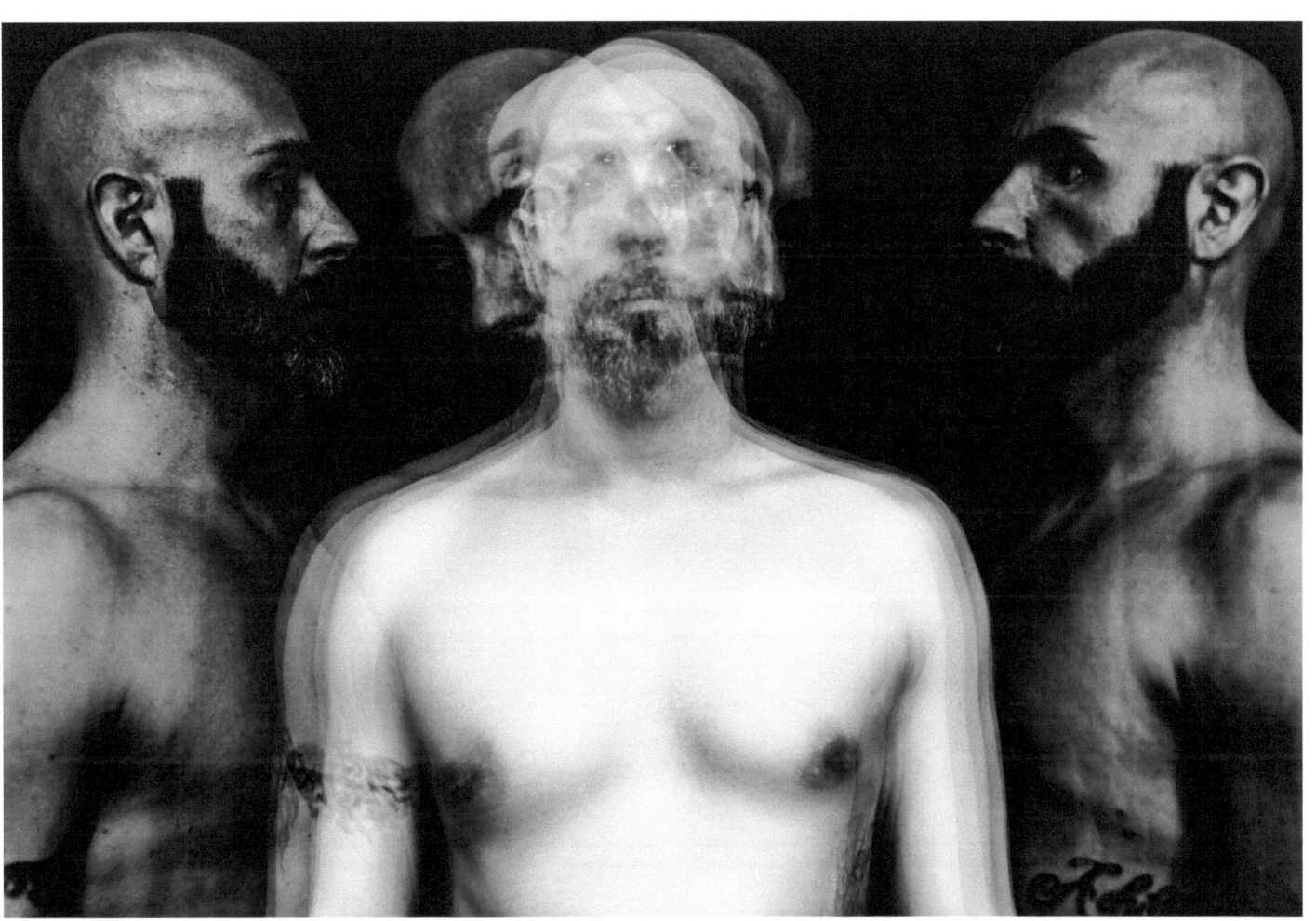

Meta = morfosi di una promessa

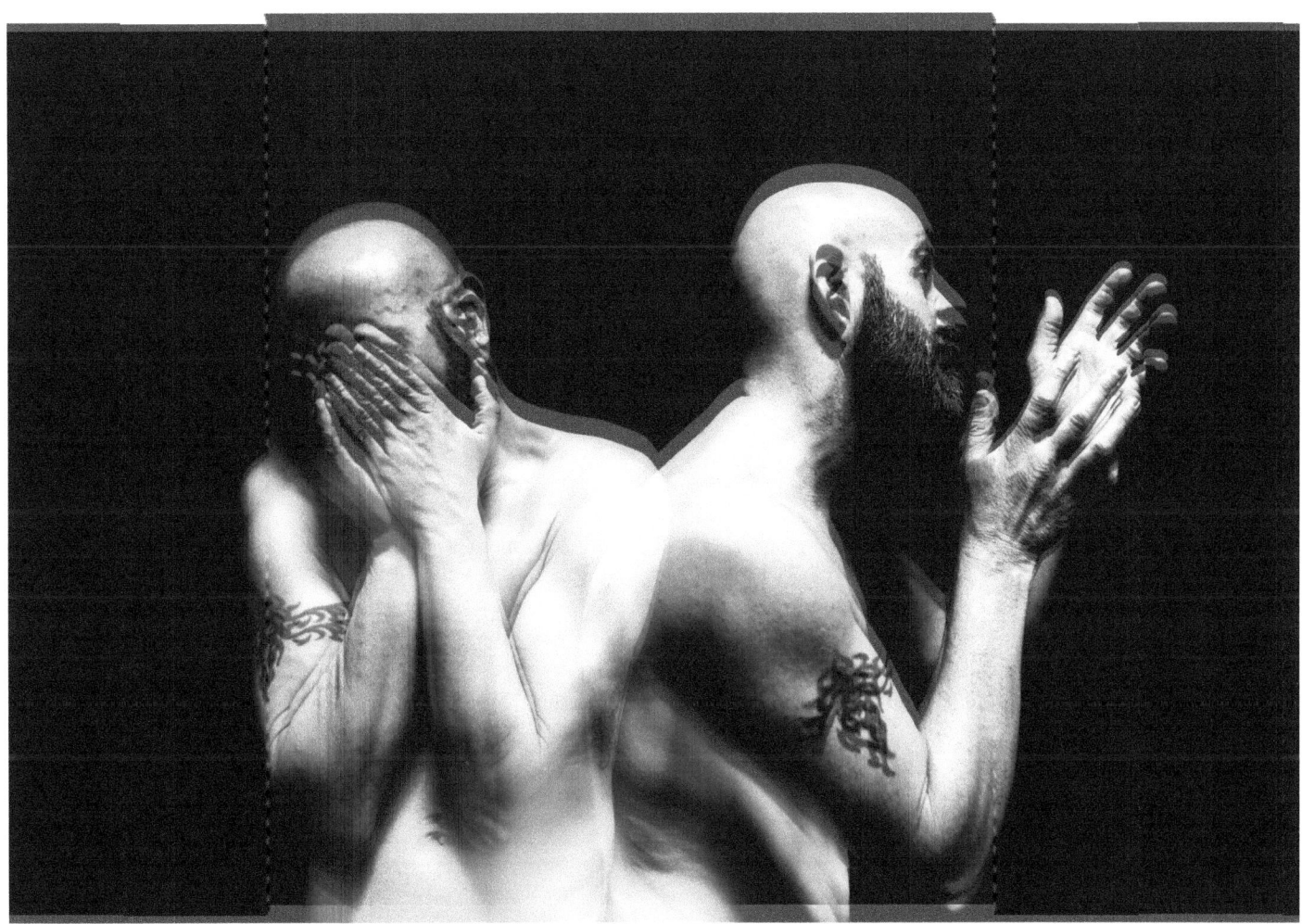

Claustrofobia. L'inizio.

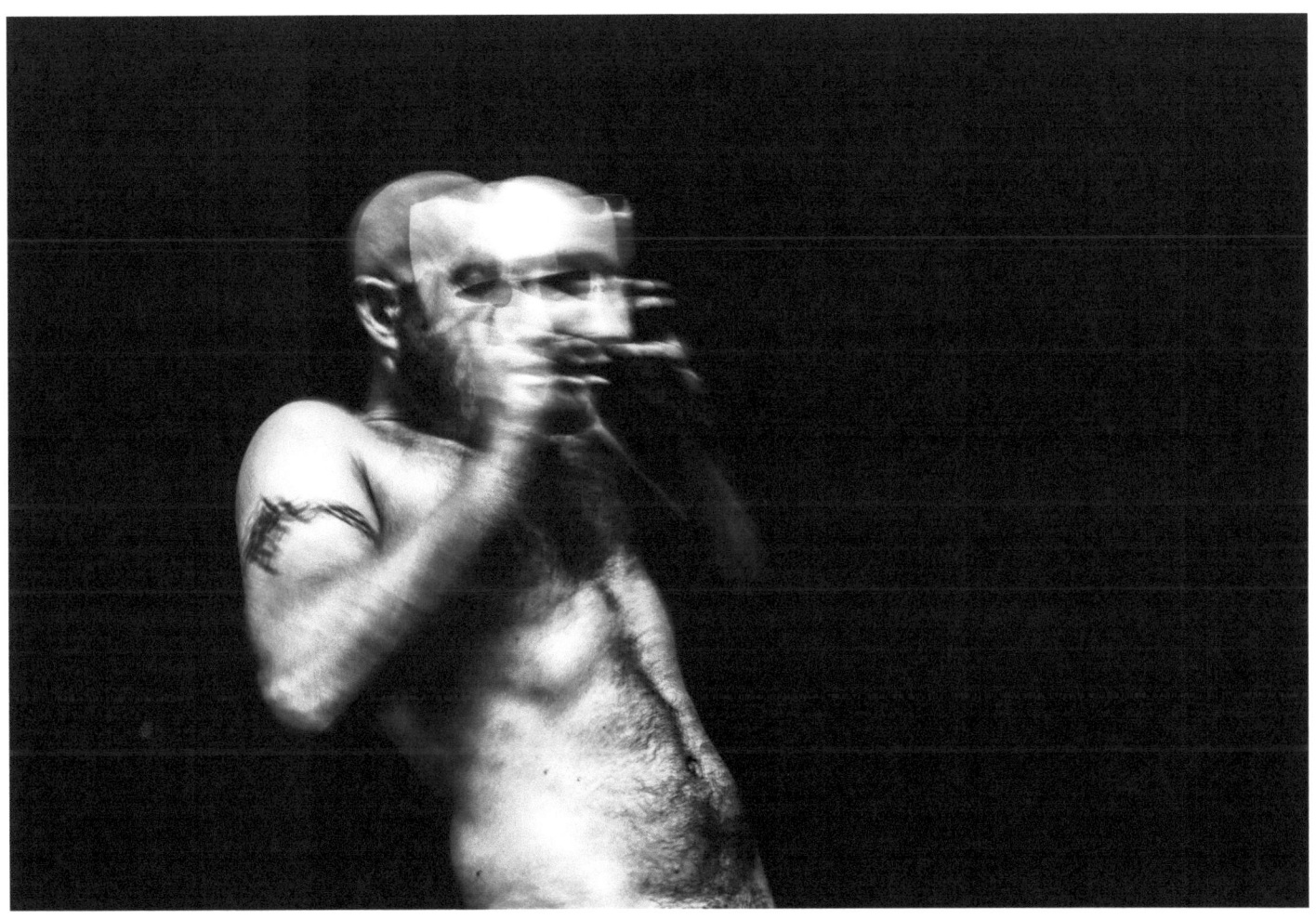

Dilemma di un martirio

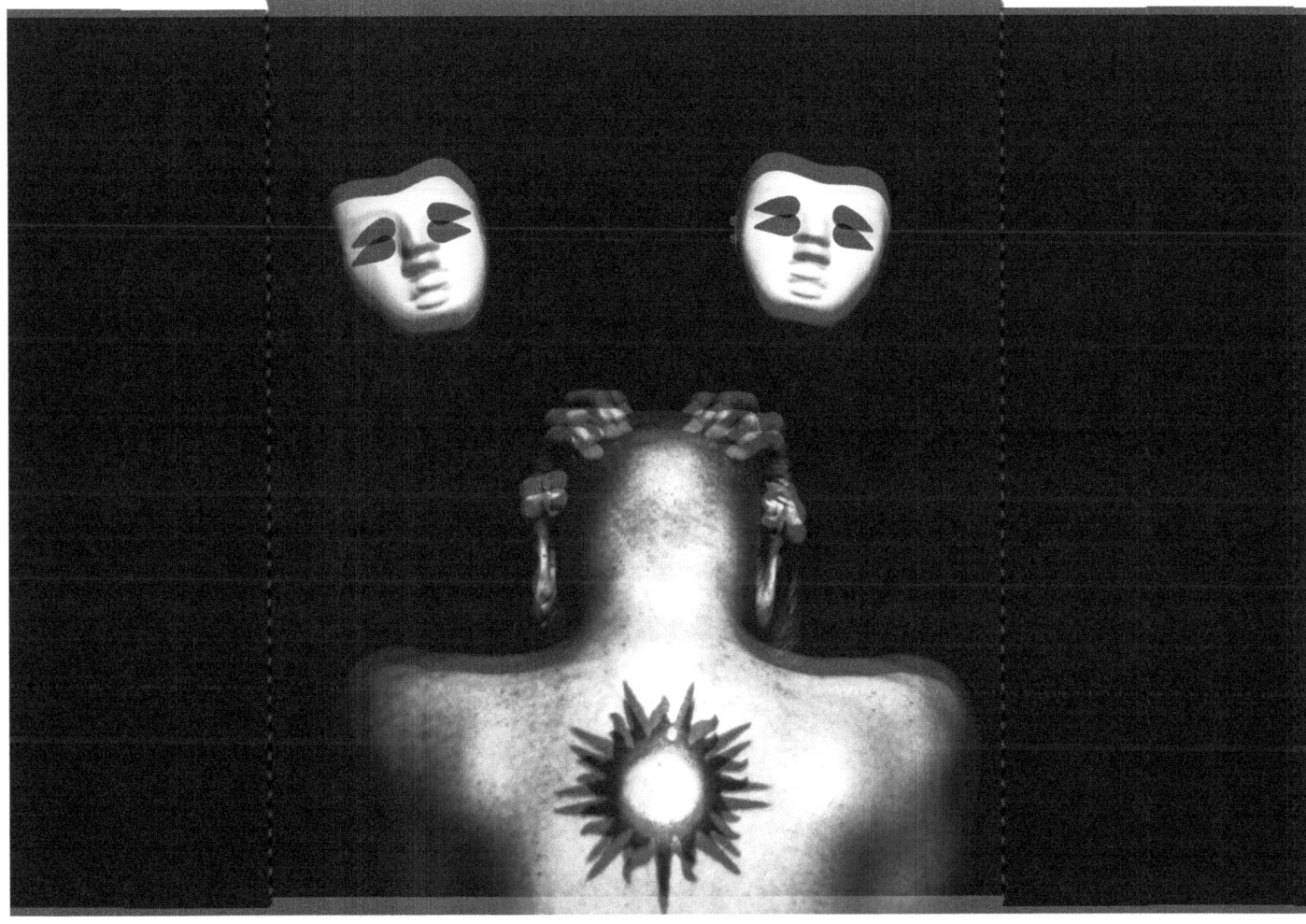

L'incontro: un bacio alla menzogna

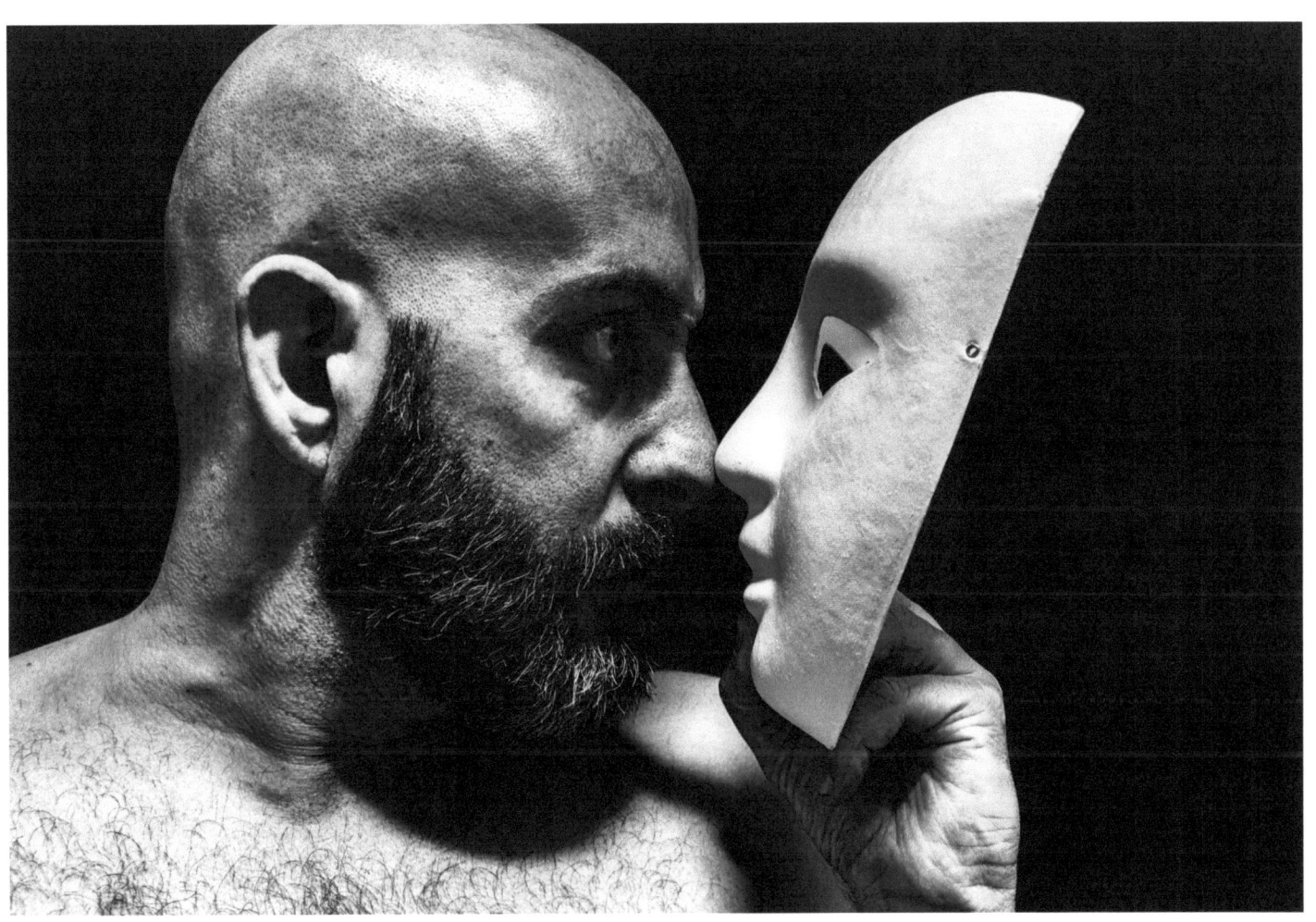

L'ascolto

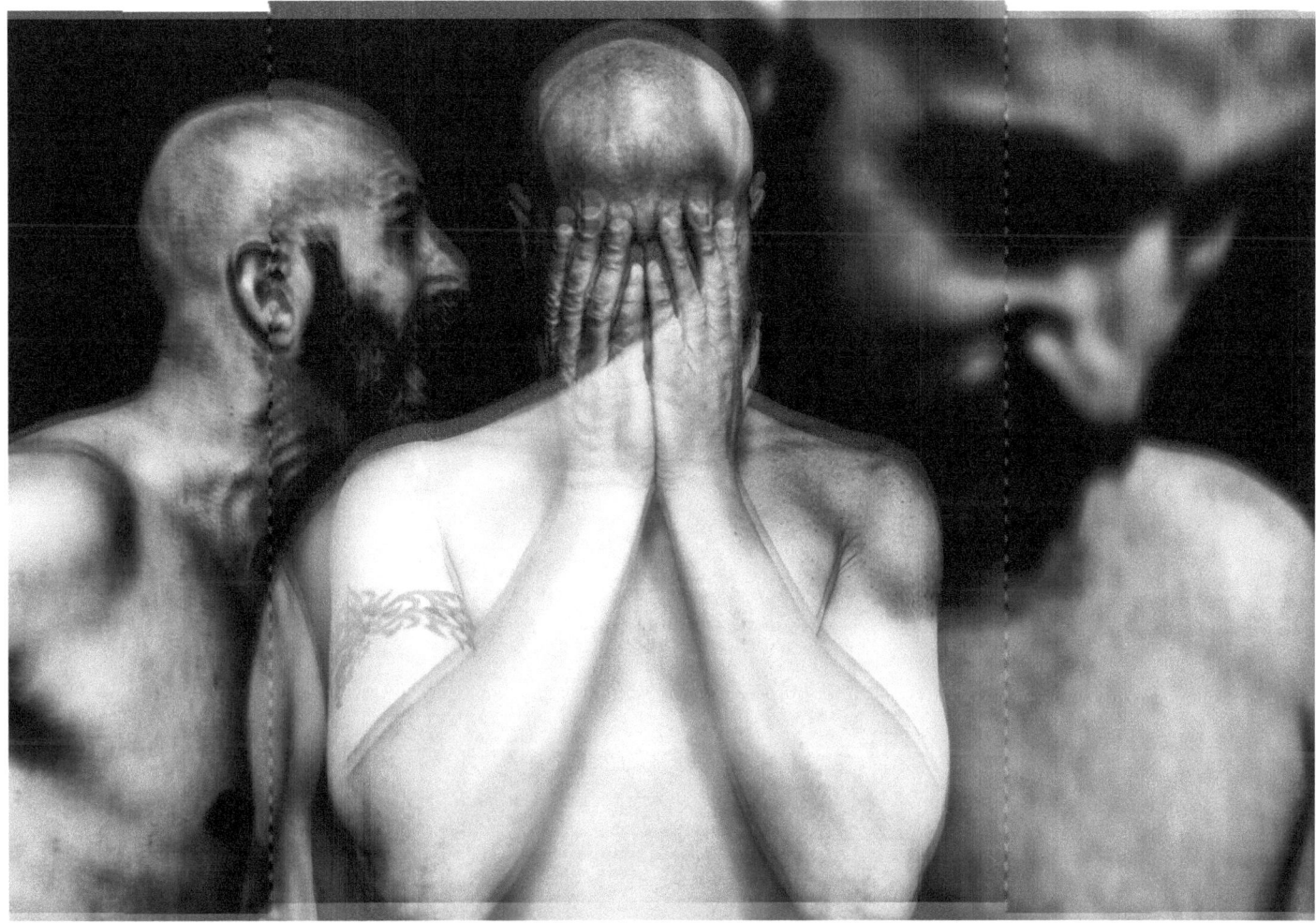

Catarsi

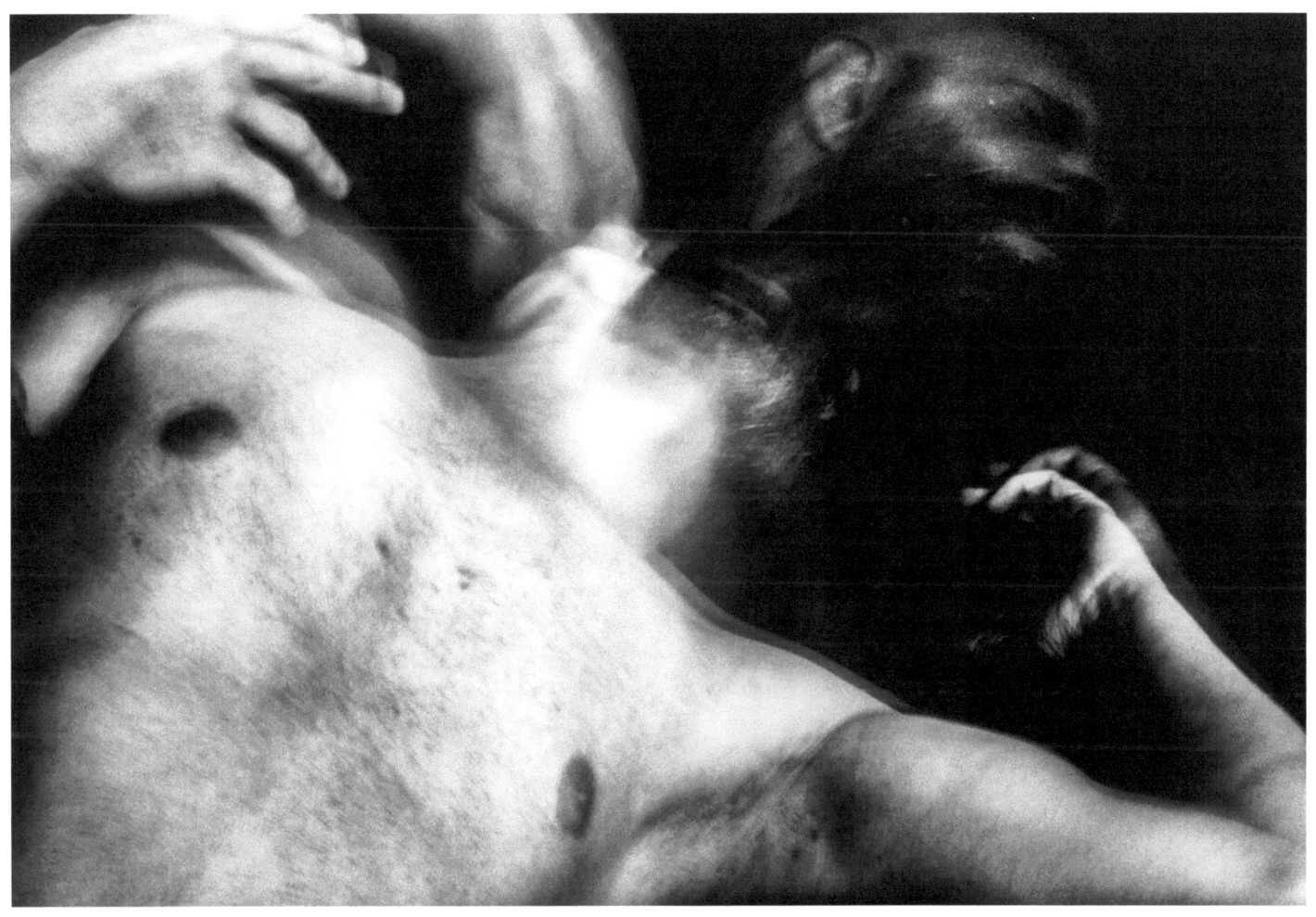

Identità ritrovata

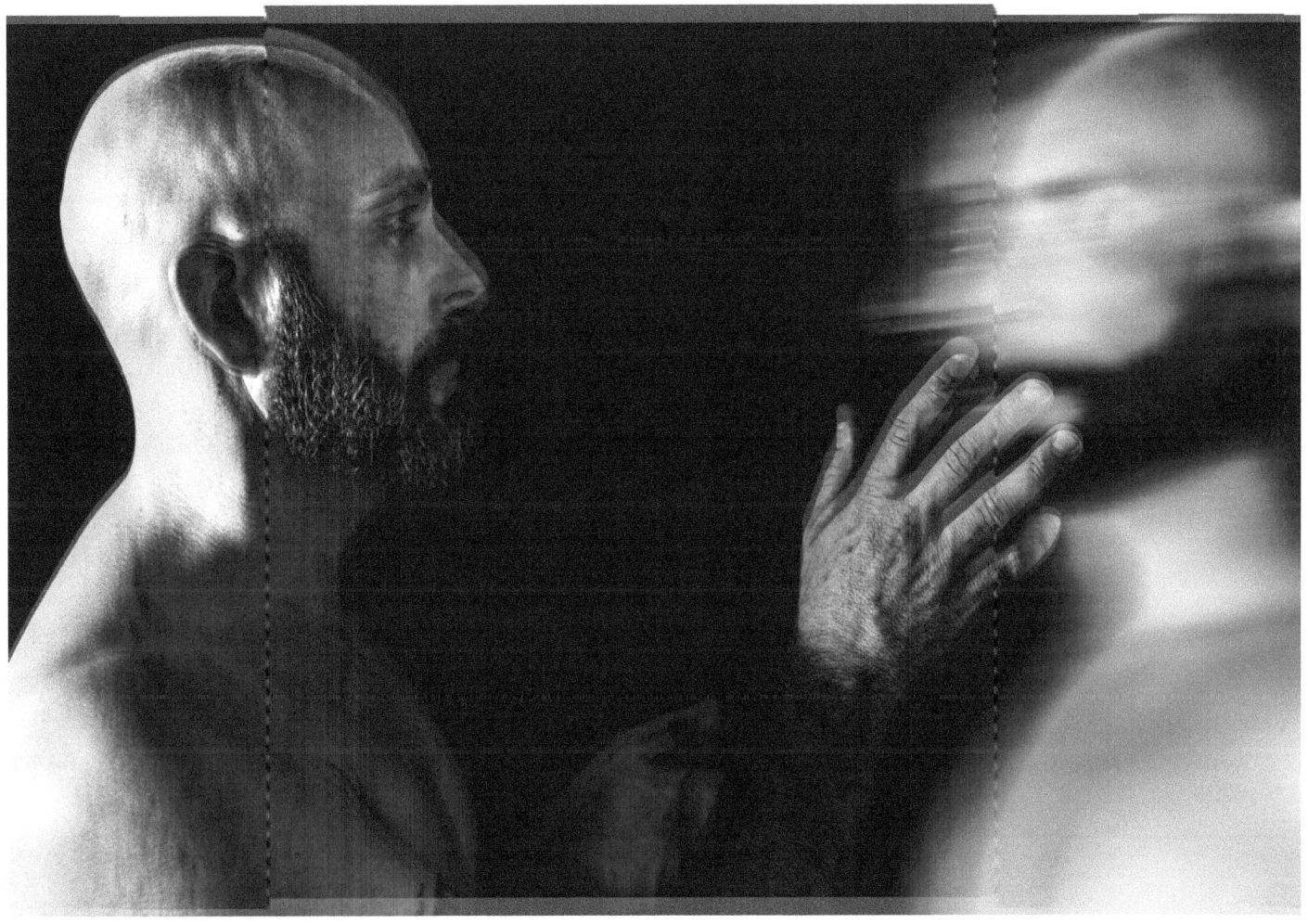

Trionfo di una prospettiva capovolta

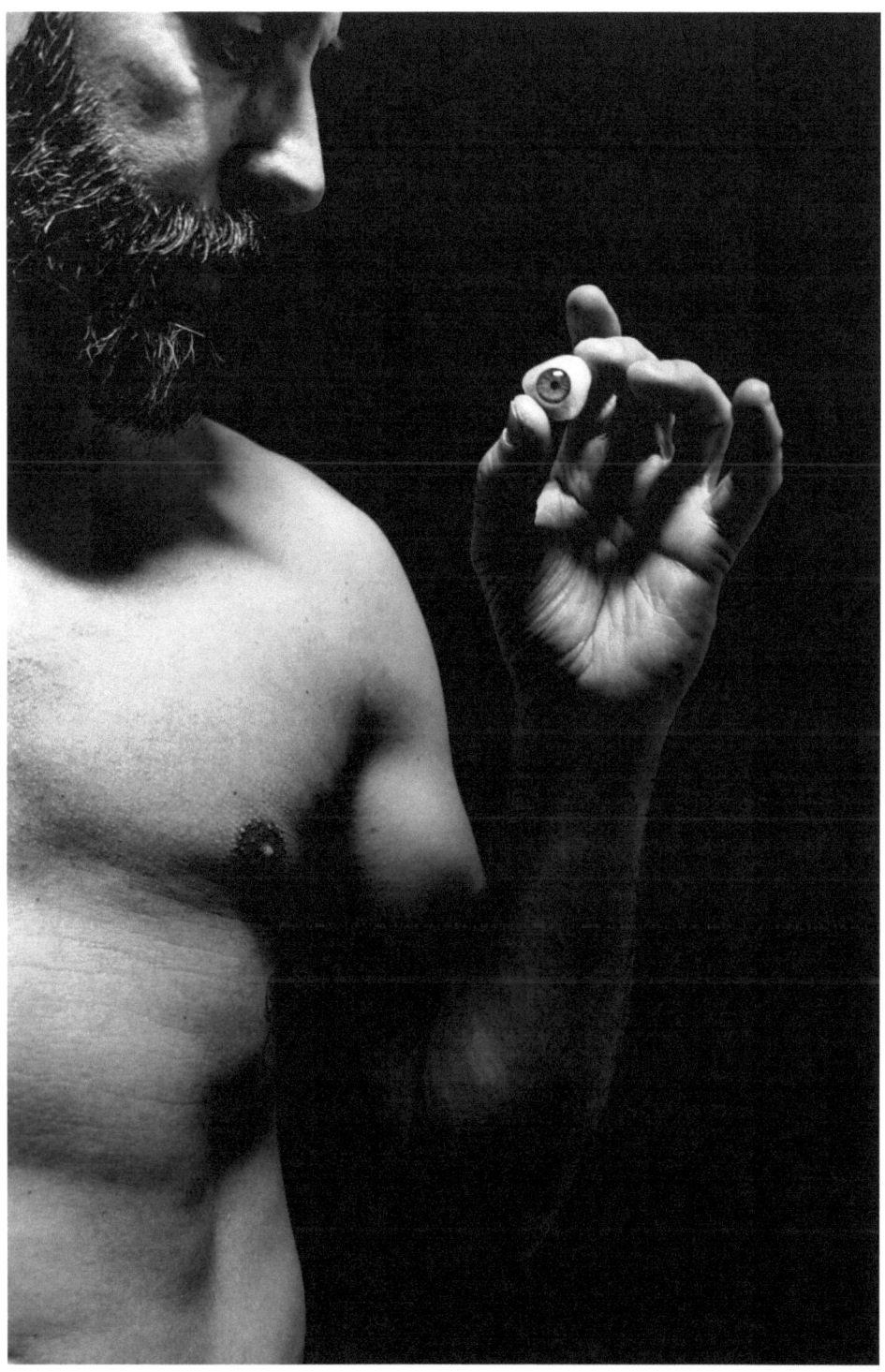

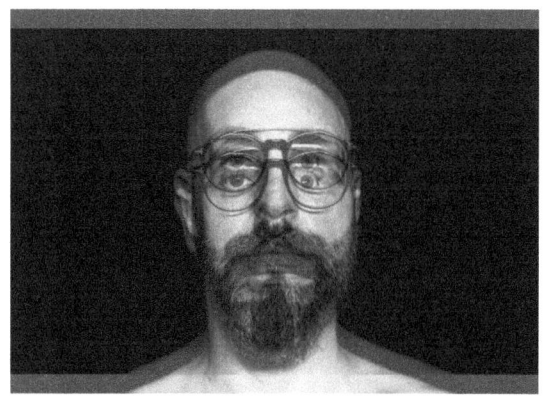

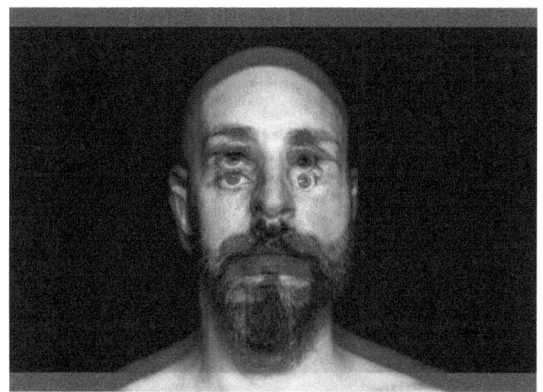

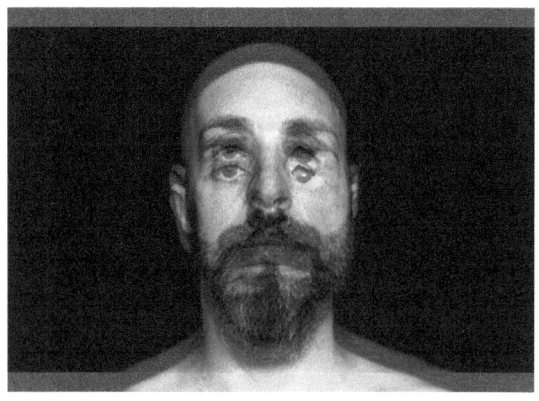

Un sobrio dossier:

Storia di un visionario e del suo parkour (?):

"Lavoro come un parkour!" riflettevo mentre facevo urbex:

Sono anche un po' francese; non solo per la velocità con cui mi muovo; ma per un numero preciso di interventi al volto che mi hanno permesso di conoscere la città di Parigi.

Un cliché? No:

Mi presento, sono Alessandro Magno, ma puoi chiamarmi Geo Ale:

A 14 anni mi sveglio senza il consueto ordine della mia città: un incidente flette aspramente il rettilineo della mia vita: La mia strada si sospende, fumosa nel buio, ma è lì che, esitante, ricevo un dono: Vi spiego quale.

Inizio a seguire le mie orme attraverso la periferia, e nella sua sostanza rammendo il mio diario. Scrivo, scrivo di ciò che sento, scrivo delle mie verità: Lentamente risorgo nella città, nasco come il tarassaco dentro le sue fessure e con il mio paracadute mi lascio trasportare lungo i muri, mi aggrappo alla ruggine del ferro, corro scale ripide e mi avvio tra i eiettoli: Qui mi siedo sulle memorie sdrucciolose della mia adolescenza, appoggio i miei gomiti sulle ginocchia, il viso sulle braccia e inizio ad osservare:

Ho con me una macchina fotografica questa volta, la tengo sicura aggrappata alla mia spalla, lei si accavalla comodamente su di me, come le gambe di una fedele amica ti siedono sempre accanto.

La nuova prospettiva diventa la mia riconquista.

Ve l'ho già detto? Era mia abitudine sedere su macerie al collasso, abbandonate da un danno irreparabile, divengono però pesanti, noiose, barba. Decido di allontanarmi dalla città. E melliflue scivolo tra i campi.

Proprio come fa il tarassaco, è facile trovarmi lungo la strada, tra i sentieri o in luoghi selvaggi.
In questi spazi avverto la primitiva necessità di rivelare al mondo il mio fatale incontro sospeso nell'inconscio.

Scatto dopo scatto, dalla pura intuizione nasce il bisogno di accorciare le distanze. Devo vederci dentro. I miei sensi si moltiplicano, le prospettive si dilatano, ciò che accade dentro di me, accade anche fuori. La mia pellicola cambia forma e trasforma me. Sono fotografo e spettatore, la macchina la mia estensione.

È un giorno particolare quando inciampo in un terreno selvaggio, mi copro il volto per paura di farmi male, ma lì senza fioriture, metto le mie radici. La mia sensibilità esplode in quell'istante, diventa la mia filosofia. Il piacere si era superato, ciò che non riuscivo a rappresentare, si palesava ora completo, necessario a me stesso, proprio davanti i miei occhi.

Getto così la maschera del dolore e dentro il panorama che affiora, armoniose geometrie ritrovano me stesso.

Mi affido a strumenti tradizionali, contrasto la morbida limpidezza di ciò che vedo con i colori dell'amore e dell'odio.

Nelle mie foto sfumo il mio animo irrequieto per testimoniare che di ciò che era fioco, come castigato, oggi ne faccio arte, è il mio stile. La mia percettibilità mi permette di vivere la mia vita oltre il suo tangibile, oltre mio sensibile.

Ho necessità di dare concretezza alla mia coscienza, al mio sentire. La fotografia si ricongiunge al mio spirito e fotografandomi, mi rivelo a me stesso. A volte la mia macchina fotografica mi fa traballare, di frequente è pesante oppure è molto leggera. Vacillo, sembro fuggire a destra o ritrarmi all'indietro. Cerco di uscire dalla mia gabbia, ma poi torno alla mia sinistra, e mi spargo come il tarassaco.

Nel dubbio mi riprendo, mi redimo e mi riscatto, trasformo il mio corpo in atmosfere oggettive, intrise di mistero e magia, di bianco e di nero, di fumo e lo spinato. Guardo indietro, dal 2016 ad oggi, ho camminato molto, a volte a piedi nudi mendicanti di bende e pozioni, altre compostamente vestiti. Credo di aver volato anche.

La mia macchina fotografica ha un nome, si chiama Alessandro Magno, ed è nato il 30 luglio del 1977, a Montebelluna perché come diceva sempre mia madre, "a Castelfranco non c'era posto".

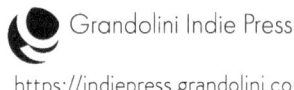 Grandolini Indie Press

https://indiepress.grandolini.com

Testi e bio a cura di Chiara Dionello

Curatore Giuseppe Andretta

Le foto della mostra sono stampate presso FineArt Connection

Progetto e realizzazione grafica Ugo Grandolini

Le immagini sono © Alessandro Mogno

© 2021 Grandolini Indie Press

Prima pubblicazione: Luglio 2021

ISBN 979-8-5293-8785-6

Imprint: Pubblicato in modo indipendente

Tutti i diritti riservati.
Nessuna parte di questa pubblicazione può essere riprodotta, memorizzata in un sistema di recupero o trasmesso in qualsiasi forma o con qualsiasi mezzo elettronico, meccanico, fotocopia, registrazione o altro, senza il consenso preventivo per iscritto dei titolari del copyright.

www.ingramcontent.com/pod-product-compliance
Lightning Source LLC
Chambersburg PA
CBHW051926210526
45473CB00006B/2154